A Fé Pode Tudo – Mito ou Verdade?

Lançamento: Outubro 2011 - 2ª edição: 2012
Capa: Andrey Lamberty

T814f Trevisan, Lauro
A fé pode tudo : mito ou verdade? / Lauro Trevisan – Santa Maria : Editora da Mente, 2012.
120 p.

ISBN 978-85-7151-061-6

1.Religião 2. Poder da Mente 3. Psicologia
4. Motivação I. Título

CDU 159.962.7

Ficha Catalográfica elaborada pela Bibliotecária Eunice de Olivera – CRB 10/1491

EDITORA DA mente

Pedidos: Editora e Distribuidora da Mente Ltda.
Rua Tuiuti, 1677 – Caixa Postal: 955
97015-663 – Santa Maria – RS – Brasil
Fone: (0xx55) 3223.0202 – Fax: (0xx55) 3221.7184
E-mail: mente@editoradamente.com.br
Site: www.editoradamente.com.br
Site do autor: www.laurotrevisan.com.br
Email do autor: laurotr@uol.com.br

Lauro Trevisan

A fé pode tudo

Mito ou Verdade?

2ª edição

Santa Maria - RS
Editora da Mente
2012

****

MITO OU VERDADE?

A mais fantástica e inacreditável revelação de Jesus foi esta:

Você tem a força da fé que remove montanha e tudo alcança.

Reafirmou essa proclamação dizendo com todas as letras:

- Quanto ao poder, quem tem fé tudo pode!

Surgem aqui três grandes questões:

**Ele disse mesmo?*

** Se Ele disse, estava pontificando uma verdade ou se tratava de mera força de expressão?*

** Se queria expressar uma verdade, será que existe mesmo esse poder ilimitado no ser humano?*

****

Parte 1

Os que defendem que é mito

Já no tempo de Jesus, os doutores da lei, os escribas, os fariseus e saduceus, combateram o Mestre que dizia que a fé pode tudo, tachando-o de mentiroso, enganador, herege e endemoninhado.

João narra que, por ocasião das solenidades no templo, os judeus procuravam Jesus e inquiriam:

- Onde está ele?

Muito se falava nele entre o povo.

- Ele é bom – diziam uns.

- Qual! – diziam outros - engana o povo!

João continua contando que Jesus debatia com os judeus, mas alguns do povo o recriminaram:

- Estás endemoninhado! Quem procura matar-te? (7,1-36).

No capítulo 8, ainda de João, Jesus diz aos judeus:

- Quem é de Deus escuta as palavras de Deus, vós não a escutais porque não sois de Deus.

Ao que, lhe replicaram os judeus:

- Não temos nós razão de dizer que és samaritano e estás endemoninhado? (8,47-48)

Depois que Jesus curou um cego, os judeus chamaram o homem e disseram-lhe:

- Dá glória a Deus. Nós sabemos que esse homem

é um pecador! (Jo 9,13-34)

Já no capítulo 10, de João, consta: *"Por causa destas palavras se originou novamente uma dissensão entre os judeus. Muitos deles diziam: "Está endemoninhado e perdeu o juízo. Por que ainda o escutais?"*

Outros observaram:

- Estas palavras não são de quem está endemoninhado. Pode acaso o demônio abrir os olhos aos cegos?" (10, 20-21)

Os próprios discípulos acreditavam desacreditando. Quando foram chamados a curar o garoto que sofria de epilepsia, não conseguiram a façanha e o Mestre posteriormente os chamou de incrédulos. Também, no fragor da tempestade que pegou Jesus e os discípulos no barco, em meio ao Mar da Galileia, tiveram que acordar o Rabi e apelar para o seu poder:

- Senhor, salva-nos, que perecemos todos!

Jesus, depois de acalmar a tempestade e serenar as ondas do mar, os recriminou:

- Por que temestes, homens de pouca fé?

Diante da violenta tempestade, que sacudia perigosamente o barco, a fé dos discípulos foi a zero. Tanto que o Rabi os repreendeu.

Nos primeiros três dias após a morte de Jesus, os apóstolos achavam que tinha terminado tudo.

Aconteceu a ressurreição, ocorreram as aparições do Senhor, veio o pentecostes, mas o poder da fé não foi anunciado aos povos com a dimensão revolucionária que essa revelação mereceria. Tem-se a impressão de que os discípulos não levaram em conta a importância do ensinamento de que todos os seres humanos têm o poder que tudo alcança: *"Pedi e dar-se-vos-á, porque todo aquele que pede recebe". (Lc 11,9)*. Ou não acreditaram?

O tempo foi girando e cada vez menos se tem acreditado na revelação desse poder maior ensinado pelo Nazareno.

CORRENTES DE PENSAMENTO QUE NEGAM O PODER

No seio do cristianismo, inúmeras vezes e durante muito tempo, as palavras de Jesus a respeito do poder da fé não foram levadas em consideração. A ideia não teve repercussão.

As várias correntes teológicas que foram

surgindo colocaram o assunto debaixo do tapete. Como não podiam negar que Jesus tinha falado sobre o poder da fé, preferiram fazer de conta que não ouviram nada.

Fora do cristianismo, a descrença tem sido total.

Os oposicionistas sempre negaram que Jesus tenha pregado o que, segundo eles, seria um grande absurdo. E se, porventura, se aventurara a tanto, teria dito um memorável despropósito.

Alguns, respeitosos da sabedoria do Cristo, encerram o assunto dizendo que esse texto dos evangelhos é invenção dos biógrafos do Mestre.

ATITUDE SILENCIOSA DA IGREJA

Atualmente, as Igrejas cristãs praticamente silenciam. Não entram no mérito da questão. Não se comprometem. Passam ao largo. Há, até, vozes hierárquicas que se levantam contra quem prega que Jesus tenha ensinado que todos têm poder e que devem usá-lo para alcançar o melhor da vida.

Os cursos e jornadas que, desde 1980, venho realizando sobre os poderes da criatura humana, foram duramente criticados por setores da Igreja e dos movimentos carismáticos em geral. Mal imaginavam eles que, condenando a existência de um poder que tudo alcança, estavam negando a mais clara e repetida revelação do Cristo, como se verá mais adiante.

Mas, é de se ressaltar que nem sempre a Igreja silencia sobre o assunto. Há inteligências pensantes que pontificam contra o poder da fé. Alinham vários argumentos para contestar a possibilidade de a criatura humana ter poder de alcançar qualquer coisa.

Primeiro argumento: só Deus tem poder para fazer o que quiser. Para Javé, não existem barreiras. Ele tudo pode. O homem não tem poder, é um ser limitado, finito, dependente da vontade do Criador. Querer arrogar-se o mesmo poder é cometer o orgulho de pretender ser como Deus.

Outra alegação: o menor não pode igualar-se ao maior. Como pode um indivíduo limitado e ignorante fazer coisas tão grandiosas que são da alçada divina? Um rio não pode ter a pretensão de ser mar. Cada um age na sua dimensão proporcional.

Outra elucubração de setores da Igreja: o humano jamais poderá comparar-se ao divino.

Se houvesse realmente o poder imanente, a Igreja não pregaria a resignação, porquanto essa palavra significa conformar-se pacientemente com a situação desagradável ou danosa. Resignação significa ausência de solução. É o mesmo que dizer que não há poder da fé.

Além do mais, a Igreja sabe, por experiência própria, que nem todas as orações são atendidas e nem todos os pedidos a Deus têm obtido resposta positiva.

Por fim – continuam algumas autoridades eclesiásticas - é preciso compreender que Deus nem sempre atende aos pedidos, já que é livre para socorrer ou não. Os critérios de Deus são diferentes dos critérios humanos.

Consideram, ainda, que certas pessoas vivem de tal maneira que não merecem a graça solicitada.

Certos religiosos ponderam que muitas pessoas não recebem o que imploram porque Deus sabe que lhes será prejudicial, mas acrescentam que, na sua infinita bondade, o Senhor compensará a oração concedendo algo melhor. Muitas vezes, os pregadores avisam que não é para descrer de Deus porque Ele está sempre atento às necessidades de cada um.

OS ARGUMENTOS DA EXPERIÊNCIA EXISTENCIAL

Não seria exagero se dissesse que a maioria absoluta da humanidade não aceita a tese de que o ser humano seja dotado de poder capaz de realizar tudo que quiser.

Os argumentos jorram aos borbotões: se cada pessoa pudesse fazer e ter tudo que quisesse, não existiria fome na humanidade, pois os alimentos poderiam ser criados; no entanto, a fome campeia no mundo, multidões morrem de inanição e outros tantos jazem esquálidos pelos cantos obscuros da vida. Os roubos estariam fora de moda, já que cada um poderia servir-se do que bem entendesse.

Por que os assaltantes iriam colocar a vida em perigo se pudessem obter lisamente o dinheiro e os objetos dos seus desejos? Por que haveria desentendimentos se os conflitantes tivessem a varinha mágica que lhes resolvesse seus pontos de vista, independente do outro lado do litígio?

Por que o sem-terra iria invadir propriedades alheias, correndo riscos de prisão, se pudesse ter sua própria terra apenas por um lance de pensamento?

Qual a razão de alguém viver na solidão se pudesse encontrar um Amor na vida?

E, quanto à saúde, ninguém ficaria doente, pois o poder total curaria qualquer enfermidade.

Esses são os principais argumentos que muitos céticos carregam no bolso do paletó para assacar contra os pregadores do poder infinito da fé.

HÁ FENÔMENOS NATURAIS QUE TRANSCENDEM A VONTADE HUMANA

Os que negam o poder da fé que move montanhas alinham mais algumas contestações:

- Não há poder absoluto no ser humano – dizem - porque os fenômenos de tempestades, vulcões, furacões, terremotos e tsunames, acontecem por situações humanamente incontroláveis. O Vesúvio soterrou três cidades e matou muita gente. O tsuname da Indonésia, ocorrido há pouco, invadiu praias, cidades, fazendo violenta destruição de casas e vidas.

Mais seguidamente ocorrem enchentes em regiões e cidades, afogando muita gente. Insistem que essas incidências naturais independem da vontade humana. Não há poder que domine a natureza – proclamam eles.

E as tempestades - continuam verberando - que semeiam destruições e tragédias, quem pode contê-las?

E as crianças que nascem com problemas físicos ou mentais? Se houvesse poder, isso ocorreria?

SOFRIMENTOS DO DIA A DIA

Aos que acham que somos seres frágeis, pequenos, limitados, não lhes passa pela cabeça que se possa atingir mais do que o pouco que é conseguido. Dizem que é utopia pensar que um ser terreno consiga feitos extraordinários e grandiosos. É preciso conviver resignadamente com a precariedade, os sofrimentos e as desgraças da vida – concluem eles.

Os mais espiritualizados avançam as ponderações alegando que os sofrimentos são necessários para a purificação humana. Outros, ainda mais místicos, geram em si sofrimentos para oferecê-los a Deus em propiciação pelos pecados. E não faltam os ascetas que se impõem silícios e sacrifícios, na crença de que agradam a Deus. Com isso, raciocinam que não há necessidade de algum poder que os evite, uma vez que sofrer é benfazejo.

Certos exegetas – pessoas que estudam a bíblia – ensinam que o ser humano nasceu sob o estigma da culpa dos primeiros pais Adão e Eva e que, em consequência, toda a humanidade carrega o pecado original, que seria o peso da miséria humana.

Diz a sabedoria árabe que perguntaram a Maomé: "Quem és?" Respondeu humildemente o profeta: "Sou um homem de água e barro".

A Igreja tem seguido por esse caminho, ao avisar, na quaresma: "Memento homo quia pulvis est et in púlverem reverteris". Lembra-te, homem, que és pó e em pó te hás de tornar". Ora, água e barro, ou pó, não têm nenhum resquício de poder.

A INSATISFAÇÃO SERIA PROVA DA INEXISTÊNCIA DE PODER

O homem é um eterno insatisfeito. A filosofia existencialista sacramenta essa ideia com a teoria de que o ser humano é um projeto inacabado. Jamais conseguirá o que quer e nunca chegará ao destino ambicionado.

As variadas filosofias se alternam com frases monumentais como esta: "Todo homem é dois: o que é e o que gostaria de ser e, no meio, a frustração". Outra frase colhida nos meios culturais: "O que eu sou saúda com saudade o que eu gostaria de ser".

CIENTISTAS E LEIGOS CONTRA O PODER

Percorra os dois mil anos de cristianismo e de ciência e não encontrará algum pensador, pesquisador, filósofo, teólogo, cientista, que tenha se interessado em estudar e analisar profundamente a afirmação de que o ser humano pode tudo, para saber se o Mestre pretendia revelar uma verdade universal ou apenas se tratava de efeito oratório para impressionar seus ouvintes. Muitos exegetas, não podendo negar que os evangelhos relatam a afirmação do Cristo a respeito da existência de poder ilimitado no ser humano, concluem que ele apenas se aproveitou de jargões impressionáveis para atrair adeptos.

São muitos os emails que recebo, nos quais dizem que o poder absoluto da fé é crença fantasiosa.

Escreveu-me um senhor de São Paulo:

- O mal maior está em colocar na boca de Jesus essa ideia impossível de que a fé tudo pode. Se pudesse, o mundo seria diferente.

A teoria desse paulistano pode ser dissecada assim: a humanidade tem muitos problemas; logo, não existe um poder capaz de mudar o mundo.

Um sacerdote me avisou que é desserviço ao cristianismo pregar que a fé alcança tudo que se queira e é infalível.

Ouvi, de certo estudioso da bíblia, que essa história de que a fé transporta montanha é puro mito.

- O mundo está cheio de impossíveis - alardeou uma senhora de Buenos Aires.

Certa vez, um teólogo observou-me que entender que o ser humano tudo pode seria colocar a criatura ao nível do Criador e isso é abuso de conceitos e heresia.

- Se o ser humano tudo pode, fica descartado o sacrifício – ponderava uma religiosa.

- Dizer que uma pessoa pode tudo é jogá-la na nebulosa da irrealidade – observou uma psicóloga.

Contra todos os opositores, Jesus investe com essa declaração categórica:

- *Quanto ao poder, quem tem fé tudo pode!*

***

Fica aqui a questão:

A fé que pode tudo é mito ou verdade?

Parte 2

Teria Jesus realmente afirmado a existência do poder da fé ?

Se Jesus nunca falou da existência de poder na criatura humana, a questão se esgota aqui mesmo. Não terá sentido tratar de assunto que não existe.

E, para muitos, essa é a verdade: "Não se coloque na boca do Mestre tamanho absurdo. Ele jamais teria dito tal infantilidade".

Então, como ficamos? Disse ou não disse?

A primeira coisa a fazer é pesquisar o Novo Testamento, que é o conjunto de livros que tratam dos ensinamentos do Cristo. Se nada consta nessas obras, ponto final.

Já estamos folheando o evangelho de Marcos, escrito, em Roma, cerca de sessenta anos depois de Cristo. No capítulo 11, 20-25, é narrado:

"*Quando, na manhã seguinte, passaram pela figueira, viram que secara até a raiz. Ao que, Pedro, recordando-se, lhe disse:*

- Mestre, secou a figueira que amaldiçoaste!

Respondeu-lhe Jesus:

- Tende fé em Deus. Em verdade vos declaro que, se alguém disser a este monte: Sai daqui e lança-te ao mar; e se não duvidar em seu coração, mas crer firmemente na realização da sua palavra – há de acontecer assim mesmo. Por isso, vos digo: Crede firmemente que

recebereis tudo quanto pedirdes na oração – e ser-vos-á dado".

Não há dúvidas de que, nessa ocasião, Jesus assegurou que, com fé, a pessoa tem poder de remover montanha. E acrescentou, ainda, que, através da oração, com fé, pode-se obter tudo. Dois impossíveis são desfeitos por Jesus apenas numa ceifada: Existe no homem poder de mover montanhas, assim como a oração pode alcançar tudo.

Está escrito.

Duas revelações espantosas.

Muito bem, os opositores continuam dizendo que um texto não é argumento suficiente, até porque pode ter havido adulteração na frase ao longo dos séculos. Então, continuemos a folhear os evangelhos. Consta que o primeiro apóstolo biógrafo de Jesus foi Mateus, cujo texto teria sido lançado entre 42 e 50 depois de Cristo. Também ele registrou o episódio da figueira e da montanha, no capítulo 21,18-22: *"Quando, muito de madrugada, Jesus voltou à cidade de Jerusalém, teve fome. Viu uma figueira à beira do caminho, aproximou-se dela, mas não lhe encontrou senão folhas. Disse então Jesus a ela: "Nunca jamais nasça em ti fruto algum!" Imediatamente a figueira secou. À vista disso, observaram os discípulos, cheios de admiração: "Como secou tão depressa a figueira!"*

Replicou-lhes Jesus: "Em verdade, vos digo que, se tiverdes fé e não vacilardes, não somente fareis o que sucedeu à figueira; mas, se disserdes a esse monte: Sai daqui e lança-te ao mar – assim acontecerá. Tudo que pedirdes com fé na oração, alcançá-lo-eis".

Mas, a afirmação mais categórica, clara e linear de que todos têm poder está nessa outra passagem da escritura, relatada por Marcos:

"Quando Jesus, Pedro, Tiago e João chegaram aonde estavam os discípulos, viram à roda deles grande multidão e uns escribas a discutir com eles. Assim que o povo avistou Jesus, encheu-se de espanto. Correram-lhe ao encontro e o saudaram.

Perguntou-lhes Jesus:

- Que estais a discutir com eles?

Respondeu-lhe alguém do meio da multidão:

- Mestre, trago à tua presença meu filho, que se acha possesso de um espírito mudo. Esse, quando o apanha, atira com ele para cá e para lá. Espuma, range os dentes e fica todo hirto. Pedi a teus discípulos que o expulsassem, mas não foram capazes.

Exclamou Jesus:

- Oh, raça incrédula! Até quando hei de estar convosco? Até quando vos hei de suportar? Trazei-mo cá.

Trouxeram-lho. Apenas o espírito viu a Jesus, começou a agitar com violência o menino. Caiu por terra e se revolvia, espumando.

Perguntou Jesus ao pai dele:

- Há quanto tempo lhe acontece isto?

- Desde pequeno. Muitas vezes dá com ele no fogo ou na água para o matar. Se puderes fazer alguma coisa, tem piedade de nós e ajuda-nos.

Tornou-lhe Jesus:

- Quanto ao poder, quem tem fé tudo pode!

- Tenho fé – exclamou logo o pai do menino, entre lágrimas. – Auxilia a minha falta de fé!

Vendo Jesus que o povo se aglomerava cada vez mais numeroso, ameaçou o espírito impuro, dizendo:

- Espírito mudo e surdo eu te ordeno: Sai dele e não tornes a entrar nele!

Por entre gritos e violentas convulsões, saiu dele. O menino jazia como morto, de modo que a maior parte dizia: "Está morto".Jesus, porém, o tomou pela mão, e o levantou, e ele se pôs de pé". (9,14-29)

Nesse episódio, o Mestre foi muito explícito e definitivo: "Quanto ao poder, quem tem fé tudo pode!" Significa que o ser humano, obedecendo determinada condição, pode tudo: "Quem tem fé pode tudo!" Só por essa frase, não seria mais lícito negar que Jesus tenha afirmado a existência de poder total na criatura humana.

Mas, Mateus confirma o depoimento de Marcos, por esta narração: *"Depois de terem chegado aonde estava o povo, aproximou-se de Jesus um homem e lançou-se de joelhos diante dele, suplicando: "Senhor, tem piedade do meu filho; é lunático e sofre terrivelmente; muitas vezes cai no fogo e na água; apresentei-o a teus discípulos, mas eles não foram capazes de curá-lo".*

Exclamou Jesus: "Ó raça incrédula e perversa, até quando estarei convosco? Até quando vos suportarei? ... Trazei-mo cá!"

Jesus repreendeu o espírito maligno e este saiu do menino, de maneira que estava curado desde essa hora.

Foram então os discípulos ter com Jesus e perguntaram em segredo: "Por que razão não pudemos nós expulsá-lo?"

Respondeu-lhes Jesus: "Porque vossa fé é pouca. Em verdade, vos digo, se tiverdes fé, como um grão de mostarda que seja, e disserdes a este monte: Passa daqui para acolá – há de passar. Nada vos será impossível".

(17,14-21)

Mateus acrescenta ao relato de Marcos esta frase incrível:

"Nada vos será impossível". Pare e medite sobre o que disse Jesus, ao final do texto: "Nada vos será impossível". Como pode? Se ele fez essa afirmação e se a afirmação é verdadeira, o mundo ainda não terá nascido. Sequer teremos saído da era da barbárie e do obscurantismo. A humanidade vive gritando contra impossíveis e o Mestre tem a coragem de garantir que "nada vos será impossível". Foi claro e direto, sem meias palavras. Está dizendo que sofrimentos, azares, desgraças e frustrações são frutos da ignorância humana e do primitivismo mental. Não sou eu quem está dizendo, é ele, o personagem que mais de um bilhão de pessoas acredita ser o caminho, a verdade e a vida. É uma declaração que, por si só, descartaria toda credibilidade do Cristo, não fosse o peso da sua origem, das suas comprovações, e da veracidade da sua história.

Ele mesmo explicou a origem da sua verdade: *"Eu não falei de mim mesmo, mas o Pai que me enviou ordenou-me o que devo dizer e o que devo anunciar. E eu sei que o seu mandamento é a vida eterna. As coisas, pois, que eu digo, digo-as assim como meu Pai me ordenou".*

Essas palavras de Jesus constam em João, 12,49-50. Adiante, João coloca o que o Mestre entende por vida eterna: *"A vida eterna, porém, é esta: Conhecerem-te a ti, o único Deus verdadeiro, e a Jesus Cristo, que enviaste"*. A frase está no texto de uma oração que Jesus fez ao Pai. João registrou-a no seu evangelho, capítulo 17,1-5.

Este evangelista novamente coloca na boca de Jesus a convicção de estar sempre dizendo a verdade: *"Vim ao mundo para dar testemunho da verdade. Todo homem que é da verdade dá ouvidos à minha voz". (18,33-40)*

Há, entretanto, outras ocasiões em que o Rabi volta a falar sobre o poder. Veja esta passagem narrada pelo biógrafo João, um dos discípulos mais achegados ao Mestre. No capítulo 14, ele cita estas declarações de Jesus:

"Em verdade, em verdade vos digo: Quem tem fé em mim fará as obras que eu faço, e fará obras maiores que estas, porque eu vou para o Pai. Tudo quanto pedirdes em meu nome, eu o farei, para que o Pai seja glorificado no filho. Se me pedirdes em meu nome, eu o farei". (12-17).

Essa afirmação é algo para assustar inclusive os mais fervorosos crentes. Qualquer indivíduo que tenha fé pode fazer o que Jesus fez? Eu, você, o caipira, quem quer que seja? Aqui o Nazareno está realmente desafiando a consistência racional até de seus mais vigorosos seguidores. Quem lê os quatro evangelhos, sabe que Jesus curou todo tipo de enfermidade, ressuscitou mortos, refez a visão de cegos, a audição de surdos, a fala aos mudos, pôs a andar paralíticos, libertou pessoas de doenças incuráveis, na época, como a lepra, serenou o vento, acalmou as águas do mar, amainou tempestades, multiplicou pães e peixes para saciar a multidão, mandou retirar dinheiro da guelra de um peixe, indicou o local da pesca milagrosa, libertou doentes psíquicos, dementes, esquizofrênicos, paranoicos, deprimidos; fez secar, pela palavra, árvores improdutivas, desvendou o pensamento de pessoas, e realizou outras maravilhas e milagres. Tudo isso consta nas descrições dos quatro biógrafos do Nazareno.

Por mais espantosa que seja a declaração de Jesus, não deixa de haver coerência. Desde as primeiras afirmações sobre a fé, ele vem sustentando que o ser humano tudo pode. Nunca diminuiu um centímetro a dimensão da sua verdade de que a fé pode tudo.

Houve vezes em que acentuou os poderes extrassensoriais do ser humano. Marcos especificou alguns dons resultantes da fé:

"Aquele que tiver fé, expulsará os espíritos malignos, falará línguas novas, pegará em serpentes, e se beber veneno mortífero não lhe fará mal; imporá as mãos sobre os enfermos e eles ficarão curados". (16-18).

Disse ainda o Mestre por ocasião do retorno dos setenta discípulos que haviam partido em missão: *"Eis que vos dou poder de calcar serpentes e escorpiões, e toda força do inimigo, e nada vos fará dano algum". (Lc, 10-19)*

Ele está explicando, no texto de Marcos, que o poder da fé cura enfermidades psíquicas, amplia os campos da extrassensorialidade e da inteligência, tem domínio sobre os animais e a matéria, e, através da imposição de mãos, poderá curar doentes. O relato de Lucas deixemos por isso mesmo, pois pode ser interpretado como poder dado apenas aos discípulos naquela viagem.

Parte 3

Teria Jesus dito que a fé pode tudo?

Situemo-nos na questão essencial: se Jesus afirmou que qualquer pessoa pode tudo.

João, no seu capítulo 15, conta que o Rabi anunciou:

"Se permanecerdes em mim e minhas palavras permanecerem em vós, pedireis TUDO quanto quiserdes e vos será dado". (Jo. 15,7).

E, logo adiante, no mesmo capítulo, diz ele:

"Então, o Pai vos concederá TUDO o que pedirdes em meu nome". (Jo. 15,16).

Nessas duas passagens, o Mestre usa a palavra *tudo*. Você poderá implicar alegando que ele impõe condições para que se manifeste o poder. Isso não vem ao caso. O que nos interessa, no momento, é se realmente propalou que todos têm poder. Pois, ele fez mais do que isso: disse que todos têm poder de tudo. É outra revelação inacreditável. Todos sobre tudo. Pense alguma coisa: você tem poder de alcançar essa coisa. É ele que está garantindo, através do testemunho de João, apóstolo que sempre o acompanhou de perto e gravou sua mensagem. Não estou supondo. Ele falou com todas as letras.

Certa ocasião, conta Mateus, Jesus ensinou com a maior clareza e simplicidade: *"Pedi e dar-*

se-vos-á; procurai e achareis; batei e abrir-se-vos-á. Pois todo aquele que pede recebe; quem procura acha; e a quem bate abrir-se-lhe-á. Haverá entre vós quem dê a seu filho uma pedra quando lhe pede pão? Ou quem lhe dê uma serpente quando lhe pede peixe? Se, pois, vós, que sois maus, sabeis dar coisas boas a vossos filhos, quanto mais vosso Pai que está nos céus dará coisa boa àqueles que lha pedirem!" (7,7-11)

Lucas registra a mesma coisa, com palavras um pouco diferentes: *"Pelo que vos digo: Pedi e recebereis; procurai e achareis, batei e abrir-se-vos-á.Porque quem pede recebe, quem procura acha e a quem bate abrir-se-lhe-á. Quando algum dentre vós pede pão a seu pai, será que este lhe dará uma pedra? Ou quando lhe pede um peixe lhe dará em vez do peixe uma serpente? Ou quando lhe pede um ovo lhe dará um escorpião? Se, pois, vós, apesar de maus, sabeis dar coisas boas aos vossos filhos, quanto mais vosso Pai Celeste dará o Espírito Santo aos que lho pedirem!" (11,9-13)*

João assinala mais uma confirmação do Mestre a respeito da existência de poder na criatura humana: *"Em verdade, em verdade vos digo: Se pedirdes alguma coisa ao Pai em meu nome, vo-la dará. Até agora nada pedistes em meu nome. Pedi e recebereis – e será completa a vossa alegria". (16,24).*

A FORÇA DO NOME DE JESUS

No capítulo 15, João anotou uma frase em que Jesus dá força ao seu nome: *"Então, o Pai concederá tudo o que pedirdes em meu nome". (15,17)*

Várias vezes o Mestre avisa que tudo que for pedido em seu nome, acontecerá.

Por que pedir em nome de Jesus?

O nome representa e significa a pessoa. Grande parte da humanidade não acredita ter poder de alcançar a realização dos seus desejos. O peso da pequenez, da impotência, das dificuldades, não permite o reconhecimento da grandeza humana. Até a Igreja reza que somos pó e em pó nos tornaremos e avisa que devemos cultivar a virtude da resignação porque nem sempre realizaremos nossos sonhos. Com essa ideologia firmada na mente, desfaz-se a possibilidade da autorrealização.

Jesus buscou resolver essa dificuldade: Peça em meu nome, ponha a responsabilidade sobre mim, anexe o pedido ao meu poder e tudo dará certo.

Com a fé na assistência de Jesus, que prometeu *"estar conosco todos os dias até a consumação dos séculos"*, o Mestre ofereceu mais um caminho para o uso do grande poder. (Mt 28,20).

Na prática da vida, o homem sabe que pela assinatura de um governante detentor de poder será fácil obter emprego, empréstimo, enfim a assistência necessária. Por dedução e pela programação inconsciente, acredita que, invocando o nome de Jesus, estará amparado no poder do Nazareno. Assim, a fé torna-se mais firme e resoluta.

Vale a pena repetir aqui o momento em que o Cristo acentua fortemente o poder do seu nome: *"Tudo quanto pedirdes em meu nome, eu o farei, para que o Pai seja glorificado no Filho. Se me pedirdes em meu nome, eu o farei". (Jo 14,17).*

É tradição na religião começar-se qualquer momento espiritual invocando o nome do Pai e do Filho e do Espírito Santo.

Significa que, considerando-se a incapacidade natural da criatura humana, esta, revestindo-se da divindade do Pai e do Filho e do Espírito Santo, recebe deles a investidura divina, com a dimensão do Poder que lhes é inerente.

No entanto, não é necessidade obrigatória invocar o nome de Deus, desde que a pessoa reconheça que é una com Ele e saiba que no seu íntimo habita o Pai. A conclusão lógica é que, pela comunhão interna com o Pai, a criatura humana se reveste do poder e da sabedoria de Deus. É por isso que, em certas ocasiões, Jesus diz simplesmente: *"Pedi e recebereis porque todo aquele que pede recebe". (Lc,11,9)*

Parte 4

Teriam os discípulos admitido o poder da fé?

Na sua primeira carta, João explicita aos seus leitores: *"Ora, sabendo que atende aos nossos pedidos, sabemos que receberemos o que pedimos". (5,14-15).*

Não sobra qualquer dúvida de que João, o apóstolo mais próximo do Mestre, está dizendo que sempre somos atendidos em nossos pedidos. Dá-nos a convicção de que a certeza do atendimento de Deus, ou Jesus, garante a certeza de que infalivelmente receberemos o que pedimos, seja lá o que for.

Já o apóstolo Tiago, na sua carta aos hebreus, escreveu sobre a fé: *"E a oração da fé salvará o doente, e o Senhor o levantará; e, se tiver cometido pecados, serão perdoados". (5.15)*

É de se observar que, sempre que os mestres falam de fé, são definitivos. Não sobra lugar para nenhuma possibilidade de falhar. Nesse trecho, Tiago aponta três detalhes importantes: A oração da fé curará o enfermo; o Senhor o levantará; e o passado causador do mal ficará apagado para sempre.

Tiago continua dizendo: *"A fé descansa na certeza". (Hebreus 11.1)*. Em última análise, ele está afirmando que não há nada que a fé não consiga.

Para fortalecer a verdade da sua dissertação sobre a fé, Tiago faz essa apologia:

"Que mais devo dizer? Não teria tempo de falar com pormenores de Gedeão, Barac, Sansão, Jefté, Davi, Samuel e os profetas. Estes, pela fé, conquistaram reinos, praticaram a justiça, viram se realizarem as promessas, amordaçaram a goela dos leões, extinguiram o poder do fogo, escaparam do fio da espada, recobraram a saúde na doença, mostraram-se valentes na guerra, repeliram os exércitos estrangeiros. Algumas mulheres reencontraram seus mortos pela ressurreição". (11,32-35)

Na sua primeira carta, João escreveu que a fé é a vitória que vence o mundo: *"Estabelecido curado pela fé. Porque todo o que é nascido de Deus vence o mundo; e esta é a vitória que vence o mundo: a nossa fé. (I João: 5.4).*

Vencer o mundo não significará poder sobre qualquer obstáculo?

A ORAÇÃO DA FÉ

Oração é comunicação com Deus e com as esferas do Infinito. Quando é feita com fé, assume a força da infalibilidade.

Disse Jesus: *"Crede firmemente que recebereis tudo quanto pedirdes na oração e ser-vos-á dado".(Mc 11,26)*

Se você lembra, quando do episódio da figueira seca, Jesus disse: *"Tudo o que pedirdes, com fé, na oração, alcançareis". (Mt 21,22).*

Parte 5

Teria o povo da época acreditado no poder da fé?

Foi dito no início do livro, que muitos não acreditavam no poder da fé e tachavam Jesus de enganador, mentiroso, sem juízo. É bom que se diga agora que muitos outros acreditaram e até comprovaram sua fé pelo milagre que receberam.

Conta Marcos: *"Consternados, diziam uns para os outros: "Que vem a ser isto? Que nova doutrina essa, cheia de poder? Dá ordem até aos espíritos impuros e eles lhe obedecem". (1,27)*

O povo exclamava estupefato: "Que nova doutrina é essa cheia de poder?"

Jesus afirmava que era a fé. "Vai em paz, a tua fé te curou". "Seja feito conforme tua fé".

A fé era apresentada pelo Mestre como a manifestação de poder.

Os evangelhos registram várias oportunidades em que as multidões se aglomeravam em torno de Jesus, atentas às obras poderosas que realizava.

Conta o evangelho de Mateus que *"Jesus subiu a um monte e sentou-se. Reuniram-se em torno dele numerosas multidões, trazendo consigo aleijados, cegos, mudos e outros muitos. Colocavam-nos aos pés de Jesus e ele os curava. Pasmava a gente e glorifica-*

va o Deus de Israel, ao ver que os mudos falavam, os aleijados recobravam a saúde, os coxos andavam e os cegos viam". (Mt 29,39-40). Diz o texto: "pasmava a gente".

***

"Foi à sua pátria e pôs-se a ensinar na sinagoga deles. "Donde lhe vem essa sabedoria e essas forças?" - dizia a gente, cheia de pasmo". (Mt 13,53).

***

"Muita gente o foi seguindo, e ele os curou ali". (Mt 19,1).

***

"Ficaram todos estupefatos e glorificaram a Deus, dizendo: "Coisas assim nunca vimos". (Mc 2,12).

***

"O povo, porém, alegrava-se de todos os gloriosos feitos que ele realizava". (Lc 13,17).

Parte 6

Pode a fé falhar?

Só há resultado zero quando inexistir fé. O apóstolo Tiago escreveu: *"Que aproveitará, irmãos meus, a um que diz que tem fé, se não tem obras? (2,14).*

Mais adiante, afirma o apóstolo: *"Assim, também a fé, se não tiver obras é morta em si mesma". (Tg 2,17).*

E Tiago conclui: *"Porque bem como um corpo sem espírito é morto, assim também a fé sem obras é morta". (Tg 2,26).*

Por essas palavras, fica claro que a fé sempre produz as obras.

Quando muitos se queixam que pedem, oram, imploram, e nada acontece, a conclusão de Tiago é que não houve fé.

O segredo do poder é a fé.

Alguém conseguirá fazer vinho sem uva? Ou colher laranjas em pé de alecrim? Entenda então o que escreveu Tiago no capítulo quatro: *"Pedis e não recebeis porque pedis mal". (4,3)*

CORROSIVOS DA FÉ

Pelo que você viu há poucos instantes, a fé é a palavra definida e definitiva, que lhe dá a convicção absoluta da materialização do conteúdo.

Isto significa que a fé não admite dúvidas, nem retorno, nem descrença, nem hesitação, nem desinteresse, nem fraquejamento mental, nem vacilação. Com certeza, ali estão as causas dos fracassos nos pedidos e mentalizações.

A fé não permite cunhas entre a palavra e seu conteúdo.

Se pede, mas duvida que possa alcançar, apagou-se a fé.

Se ora para ver se Deus o atende, não há fé.

Se realiza uma peregrinação esperando que a cura talvez possa acontecer, a fé está morta.

Se sofre terrível depressão, mas nada faz para voltar à alegria de viver, nesse caso é evidente que não há nem resquício de fé. Se aceita que o médico avisou que seu caso não tem cura, e entrega as armas, inexiste fé.

Se mantém a ideologia de que saúde, riqueza, felicidade e bem-estar, dependem de sua religiosidade, está condicionando o poder da fé aos seus méritos espirituais. Nesse caso, atrofiou a verdade da fé.

Repita: Fé é crer firmemente na realização da sua palavra.

O poder está na palavra unívoca, acreditada, irreversível, e não na santidade de vida. Esta até pode ajudar, quando não atrapalha.

Parte 7

O segredo é saber quando existe fé

Para se saber quando existe fé no pedido, ou na oração, ou no desejo, é preciso saber, antes de tudo, o que é a fé. Como se pode definir a fé? O que é a fé? Muitos têm apenas uma ideia vaga. Sabem mais ou menos. Por sinal, menos do que mais. Há os que confundem a fé ensinada por Jesus com a fé teológica, que significa religião, doutrina. Se não sabe dirigir o carro, não poderá usá-lo. Se souber mais ou menos onde fica a cidade de Santa Maria, só chegará lá se buscar informação.

A fé tem definição. Pode-se saber exatamente o que é e como se usa.

Jesus, o maior e mais profundo conhecedor da fé, a definiu assim: *"Crer firmemente na realização da sua palavra".(Mc 11,23)*. Isto quer dizer que toda palavra, pensamento, oração, pedido, crença, contém a substância da fé quando a pessoa acredita firmemente na palavra que está proferindo, no seu significado e no seu conteúdo.

Para melhor entendimento, será conveniente explicar o significado de cada termo da definição.

Crer: admitir, aceitar, acatar, tomar como verdade absoluta.

Firmemente: de forma resoluta e definitiva. Sem vacilação. Como Jesus dizia: "Sem duvidar em seu coração".

Realização: é o fato resultante da palavra. É o fruto originado da palavra. É a forma da substância.

Sua: a fé é individual. Os outros podem ajudá-lo a fortalecer a sua fé, mas, ao fim e ao cabo, você fica sozinho com sua decisão. Talvez caiba aqui o que disse o sábio Confúcio: "O homem superior busca em si mesmo tudo que quer; o homem inferior busca nos outros".

Palavra: é a substância que faz a forma. A matriz da realização. O conteúdo essencial da fé. Não existe fé nem realização se não existir a palavra que determina o que se quer alcançar. É interessante o que escreveu Paulo, na carta aos hebreus: *"Pela fé entendemos que o universo foi formado pela palavra de Deus, de modo que aquilo que se vê não foi feito do que é visível". (11.3)*. Tudo foi formado pela palavra. O que se vê não é resultado da produção da matéria, mas do invisível, e o invisível é o conteúdo da palavra. Significa que a palavra é o ato criador do conteúdo invisível. Antecede ao fato. O único ser que recebeu o dom da palavra foi o ser humano. Infere-se, então, que, em decorrência, pertence-lhe também o poder criador.

A palavra criadora poderosa chama-se fé.

O apóstolo Paulo foi o único discípulo de Jesus que também definiu a fé e o fez exatamente igual ao Mestre, embora com outras palavras: *"A fé consiste na firme confiança daquilo que se espera e na convicção daquilo que não se vê". (Hb 11,1).*

Veja outras traduções feitas sobre a definição de Paulo. Vou citá-las porque ajudam a um melhor entendimento:

"A fé é uma posse antecipada do que se espera, um meio de demonstrar as realidades que não se veem".

"É, pois, a fé a substância das coisas que se espera, um argumento das coisas que não aparecem". (Bíblia Sagrada, tradução da Vulgata, pelo Pe Antonio Pereira de Figueiredo. Vol.IV)

Pelas traduções, fica fácil entender que a fé é a certeza absoluta de que a palavra produz a realidade do seu conteúdo; é a posse antecipada, posse mental, daquilo que se deseja; a visão mental daquilo que ainda não se vê materialmente. Por fim, é a substância da matéria desejada, a essência da realidade física.

Por exemplo, se você deseja um carro, como será sua fé, nesse caso? Ela se manifestará assim: você toma posse do carro mentalmente, já o vê como seu, e jamais se afastará dessa verdade. Se pede a cura do fígado, visualizará o fígado perfeito, ou seja, toma posse dessa verdade - que ainda não a vê realizada, mas que, pelo fato de orar com fé, tem convicção de que assim é e assim será.

Parte 8

Mestres e sábios que admitiram o poder da fé

Aristóteles, filósofo grego, disse: "O que você espera que aconteça, acontece". (Viveu: 384-322ac)

Virgílio, poeta romano, (70-19 ac): "Podemos porque cremos poder".

Napoleon Hill, escritor e pensador: "A fé torna possível alcançar tudo o que um homem pode conceber e acreditar".

William James, psicólogo e escritor norte-americano: "Em qualquer projeto, o fator importante é a confiança. Sem fé e confiança não poderá haver sucesso. Isso é fundamental".

Henry Ford, industrial: "Poucos sabem quão objetiva é a fé".

David Ben Gurion, um dos fundadores de Israel: "Quem não acredita em milagres não é realista".

Frank Lloyd Wrigth, arquiteto famoso e um dos gênios mais criadores: "Sempre acontece a coisa em que realmente se crê".

Ralph Waldo Emerson, filósofo, poeta e pensador, que muito influenciou a mentalidade norte-americana: "Nenhuma aptidão, nenhum auxílio, nenhum treinamento será capaz de compensar a falta de fé".

James Allen, escritor, pensador: "Tendo como centro de vosso ser essa fé, chegareis a possuir tanta força espiritual, que rompereis, como se fossem brinquedos de vidro, todas as forças do mal que surgirem contra vós, e alcançareis um sucesso tão excelente, que um outro, sem possuir uma fé igual, apesar de grandes esforços, não conhece nem em sonhos". (Da Pobreza ao Poder)

James Allen também escreveu: "Pela força da fé consegue-se a realização de toda tarefa".

Orison Marden escreveu: "A alma obtém tudo que conceber e realmente desejar".

Esses autores foram citados mais por curiosidade, mas há vários outros pensadores e estudiosos, como Joseph Murphy, Norman Vincent Peale, Uell Stanley Andersen, e tantos e tantos, que se referiram em seus escritos sobre o poder da fé.

Parte 9

Análise dos argumentos contrários ao poder da fé

CRENÇAS RELIGIOSAS QUE SE OPÕEM AO PODER DA FÉ

Há setores da teologia e da ascese que, amparados por autoridades hierárquicas que cuidam da ortodoxia cristã, rejeitam que o ser humano tenha poder de alcançar tudo que quiser, porque seria usurpar o poder de Deus e ter o orgulho de pretender para si o que pertence unicamente ao Criador. Dizem ainda que Deus é o poder e atende a quem quiser.

Resposta. É bom distinguir que Deus é o poder e o homem tem o poder que Deus lhe concedeu. Significa que o ser humano recebeu o poder de Deus, como legado de bondade e amor. Ao criar um ser à sua imagem e semelhança, deu-lhe o poder criador para continuar a obra da construção do mundo e dominar em toda terra (Gênesis). A criatura humana está assentada sobre quatro colunas, segundo a vontade divina: sabedoria para criar e discernir; liberdade para escolher; poder para realizar; felicidade como essência. A pessoa só pode ser julgada por seus atos se tiver poder de efetuar o que quiser. É óbvio. Se não pode fazer o que deseja, se é levada pelas ondas da vida - não é dona de si e nem autora de seus atos. E não lhe cabe mérito ou demérito por suas ações. Sabedoria, poder, felicidade e liberdade são essenciais. Ao poder, Jesus deu o nome de fé. É ingenuidade supor que, pelo poder concedido, o homem se imagine igual a Deus. Quem não percebe a diferença entre o infinito e o finito? Quando Jesus disse "Vós sois deuses", usou a palavra em letras minúsculas. Mas, é fora de dúvida para qualquer religioso, ou teólogo, mesmo medíocre, que o Cristo afirmou que todos temos o poder da fé, tanto que ele sempre atribuía a cura ao próprio curado: "Vai em paz, a tua fé te curou".

Quanto à pregação da resignação, esse é um equívoco bastante generalizado.

- É preciso resignar-se diante dos infortúnios – dirá o asceta.

Jesus não prega a resignação, mas a solução.

- Mas o fato está aí e não pode ser negado – insistirá o asceta.

- Muito bem, diante de uma calamidade, seja lá de que ordem for, a primeira evidência se chama aceitação e não resignação. É preciso, antes de tudo aceitar a realidade. Reconhecida a situação, ao invés de resignar-se, é fundamental buscar a solução. Resignação significa conformar-se com o mal e conviver com ele, como fatalidade do destino. Resignação é atentado contra a palavra de Jesus. Ele ensinou a solução através da força todo-poderosa chamada fé que, segundo ele, remove montanhas, cura enfermidades, produz milagres, tudo alcança e torna possível o impossível.

Se nem sempre o pedido é conseguido, não é por falha de Deus, mas por falta de fé.

Outra questão: Deus pode fazer o que quiser, conceder o que quiser, atender ou deixar de atender a quem quiser. Ele é o Poder, o princípio do Poder, a fonte do Poder. Só que ele transmitiu seu Poder ao ser humano, que pode e deve usá-lo de acordo com a sua dimensão humana. O Poder de Deus não está no corpo ou na mente, mas no espírito. Vós sois deuses! É por esse dom inexcedível que o homem tem condições de realizar-se na vida conforme seus desejos. Se a criatura humana fosse escrava de Deus, não lhe caberia mérito e nem responsabilidade alguma por suas ações. O Criador houve por bem determinar que todo indivíduo tivesse o dom da palavra e a liberdade de usá-la para criar o que quisesse. Ou alguém acha que Deus não pode fazer o que desejar? Pois, Ele quis que os seres de sua espécie tivessem esses dons maravilhosos. Palmas a Ele.

Há teólogos que argumentam que o humano não pode arrogar-se a dimensão divina. Acontece que o ser humano é também divino, pelo espírito. Já foi dito. Paulo falou com sabedoria sobre isso:*"Para pedir ao Pai que ele conceda, segundo a riqueza da sua glória, que vós sejais fortalecidos em poder pelo seu Espírito no homem interior, que Cristo habite pela fé em vossos corações e que sejais arraigados e fundados no amor".(Efésios, 3,14-17).* O espírito é o homem interior. No invisível do ser humano está a sua divindade, a grandeza e o poder. Muitos teólogos não conseguem "ver" o invisível, não se dão condições de captar o espírito, não supõem a divindade, não se importam que Paulo tenha dito que o Altíssimo habita em cada indivíduo, e nem que Jesus tenha revelado que o Pai está no secreto de cada um, por isso convivem com ideias de pequenez, miserabilidade, corruptibilidade, impotência, impossibilidades. E pregam a resignação.

João, na sua primeira carta, fez essa revelação: *"Aquilo em que nós conhecemos que estamos nele e ele em nós, é em nos ter feito participantes do seu espírito". (4,13).* Parece evidente que o apóstolo está dizendo que participamos do espírito de Deus. É por sermos partícipes desse espírito que somos sabedoria e poder. E é pelo espírito imanente no ser humano que somos essencialmente bons e imortais.

OS ARGUMENTOS DA EXPERIÊNCIA EXISTENCIAL

A posição da maior parte da humanidade que nega a existência de poder no ser humano é que, se fosse verdade, ninguém passaria fome, não haveria roubos, nem desentendimentos, o dinheiro jorraria em abundância, solidão seria mera palavra de dicionário e ninguém ficaria doente.

A explicação para essas carências e sofrimentos não é a inexistência do poder da fé, mas a ignorância. Esta é a mãe de todos os males. Não é o desconhecimento da existência de Roma que provará que Roma não existe. O percurso que fazem os índios a pé nas matas não significa que não exista o cavalo, o carro, o avião, o helicóptero. Um milhão de pessoas tristes não prova que não exista a alegria. Pergunte-se às pessoas que vivem na miséria e no sofrimento se sabem algo sobre a fé e a resposta será zero.

Além da ignorância, a liberdade também é porta aberta para os desmazelos humanos.

Há, por esse mundo de Deus, milhões e milhões de pessoas que sabem, por exemplo, que o fumo, a droga, o álcool, são prejudiciais à saúde e os usam assim mesmo. Liberdade. O dom da liberdade é uma das maiores concessões divinas ao ser humano, senão a maior. Um dom maravilhoso. Ninguém é autômato, nem condicionado por uma linha genética imutável e rígida. Todo indivíduo carrega, digamos assim, o genoma da felicidade, do bem, do amor, da abundância, da fraternidade, da saúde, mas pode desviar-se pelos caminhos que bem entender. Claro que o descaminho não leva ao caminho, e que a árvore má nunca produzirá frutos bons. Essa é a Lei que rege a vida e o universo humano. Mas a liberdade foi dada por Deus e não será tirada, ainda que mal empregada.

O poder da fé, no entanto, pode ser considerado o antídoto contra o mal, pois permite a recomposição da vida e da felicidade.

Seria importante lembrar que o homem, por ser essencialmente bom, sua tendência natural está sempre voltada para o amor, para a felicidade, para o bem-estar, para o desfrutar da vida. Mesmo em situações de grande insatisfação e turbulência interior, tende para a luz, como a libélula, ou como a abelha cega que sempre acerta o caminho das flores.

A INSATISFAÇÃO SERIA PROVA DA INEXISTÊNCIA DE PODER?

Entre as objeções situadas no início do livro, consta esta: *"O homem é um eterno insatisfeito. A filosofia existencialista sacramenta essa ideia com a teoria de que o ser humano é um projeto inacabado. Jamais conseguirá o que quer e nunca chegará ao destino ambicionado. As filosofias se alternam com frases monumentais como esta: "Todo homem é dois: o que é e o que gostaria de ser e, no meio, a frustração". Outra frase colhida nos meios culturais: "O que eu sou saúda com saudade o que eu gostaria de ser".*

A insatisfação ocorre porque a pessoa nada sabe de si, ou vive a esmo, ou não vislumbra uma forma de alcançar seus objetivos. Numa cidade, há pessoas que tiveram a mesma formação cultural, a mesma profissão, os mesmos aprendizados, a mesma filosofia de vida e, no entanto, uns ganham dez mil dólares mensais e outros mal chegam a mil. Quer dizer que existem os dez mil dólares ambicionados, mas é preciso percorrer o caminho que conduz a eles. Barco parado não ganha frete, diz o ditado. Hoje em dia, já são muitos os estudiosos e motivadores que garantem que todos têm capacidade de realizarem seus sonhos. Disney dizia: "Se você pode sonhar, pode realizar". Catherine Ponder, pensadora, escreveu: "O desejo é Deus batendo à porta da nossa mente". O desejo não é fonte de insatisfações, mas ato criador que impele a pessoa a transformá-lo em realidade. É assim que o mundo se torna melhor. O ser humano é muito mais do que se imagina. James Allen, autor já citado, escreveu: "Tudo quanto o homem consegue e tudo quanto deixa de conseguir é resultado direto dos seus próprios pensamentos e crenças".

É imensa a legião de pessoas insatisfeitas, enojadas da vida, infelizes, abúlicas. Não vivem, vegetam. Como podem imaginar que exista um poder capaz de tirá-las dessa modorra insuportável? Ignorância. Dentro delas mesmas está a solução, o poder, a libertação e a capacidade de transformar a vida obscura num mar de rosas. O que pode gerar tal mudança? – A fé. Madre Teresa de Calcutá dizia: "A força mais poderosa do universo? – A fé".

E o psicólogo William James fez esta declaração: "A maior descoberta da minha geração é que seres humanos, alterando suas atitudes mentais podem alterar a sua vida; da maneira que pensarmos assim seremos".

Vamos teologar: se Deus desse poder ao homem para desejar algo e não desse poder de realizar, seria sádico, ou incompetente ou incoerente. Acredita você que o Criador tenha feito o ser humano pela metade? Detentor de sonhos e ideais, mas sem condições de realização? Adiantaria você ter uma garrafa de vinho sem a possibilidade de desfrutá-lo?

Você está longe de alcançar seus objetivos? Lembre-se que, se existe objetivo, necessariamente existirá caminho para chegar lá. Jesus já avisava que nada é impossível.

"Comece fazendo o que é necessário, depois o que é possível e, de repente, você estará fazendo o impossível". Quem disse isso foi São Francisco de Assis, italiano, fundador da ordem monástica dos Franciscanos.

HÁ FENÔMENOS NATURAIS QUE TRANSCENDEM A VONTADE HUMANA

Passemos agora a analisar especificamente a contestação registrada anteriormente:

- Não há poder absoluto no ser humano – dizem - porque os fenômenos de tempestades, vulcões, furacões, terremotos e tsunames, acontecem por situações humanamente incontroláveis.

O Vesúvio soterrou três cidades e matou muita gente. O tsuname da Indonésia, ocorrido há pouco, invadiu praias, cidades, fazendo violenta destruição de casas e vidas.

Mais seguidamente ocorrem enchentes em regiões, cidades, casas, afogando muita gente. Insistem que essas ocorrências naturais independem da vontade humana. Não há poder que domine a natureza.

E as tempestades - verberam eles - que semeiam destruições lamentáveis, quem pode contê-las? E as crianças que nascem com problemas físicos ou mentais? Se houvesse poder, isso ocorreria?

Resposta: Jesus aplacou tempestades, serenou ventanias, acalmou as ondas agitadas do mar. Não disse ele que a fé remove montanhas? Não informou que todos podemos fazer o que ele fez, se tivermos fé? Elias fez chover quando era necessário chover e fez parar a chuva quando se fez necessário. Josué fez parar o sol para ter condições de conquistar Jericó.

Chuvas, tempestades, ciclones, tsunames, terremotos, são movimentos que buscam o equilíbrio da natureza. Ocorrem para compor e refazer a harmonia planetária.

O mínimo que se pode dizer a você, diante de tais ocorrências, é que use o poder da fé para que esses fenômenos não lhe sejam causa de sofrimento. Ore, que sua oração tem mais poder do que as forças da natureza.

Quanto às crianças que nascem com problemas: por quê?

Antes do mais, pense no seguinte: a formação de um ser humano depende de uma corrida de quatrocentos milhões, mais ou menos, de espematozoides até o ponto de chegada, que é o óvulo, de tal sorte que só o mais forte e saudável pode ser o campeão. Este terá a honra e a glória de formar a nova vida. Para ter uma ideia do que significa essa maratona, veja o que li, certa vez: "Se quisermos comparar o percurso que realizam os espermatozoides para alcançar o óvulo, equivaleria a uma pessoa atravessar o deserto do Saara, nadar quinze quilômetros contra a natureza, escalar os Alpes e ainda caminhar até a metade da Sibéria. Isso sem parar, sem descanso e a pé". Pode haver doença num ser com tamanha energia? Pois bem, a primeira conclusão é que toda criatura humana é, na sua essência, perfeita.

Há inúmeros exemplos de pessoas que sobrepujaram a fúria da natureza e se salvaram em situações praticamente impossíveis.

E há incontáveis exemplos de crianças que nasceram com deficiências e conseguiram a perfeição.

Não existe fatalismo.

SOFRIMENTOS DO DIA A DIA

Aos que acham que somos seres frágeis, pequenos, limitados, não lhes passa pela cabeça que se possa atingir mais do que o pouco que é conseguido. Dizem que é utopia pensar que um ser terreno consiga feitos extraordinários e grandiosos. É preciso conviver com a precariedade, os sofrimentos e as desgraças da vida.

Os mais espiritualizados avançam as ponderações alegando que os sofrimentos são necessários para a purificação humana. Outros, ainda mais místicos, geram em si sofrimentos para oferecê-los a Deus em propiciação pelos pecados. E não faltam os ascetas que se impõem silícios e sacrifícios, na crença de que agradam a Deus. Com isso, raciocinam que não há necessidade de algum poder que os evite, uma vez que sofrer é benfazejo.

Certos exegetas – pessoas que estudam a bíblia – ensinam que o ser humano nasceu sob o estigma da culpa dos primeiros pais Adão e Eva e que, em consequência, toda a humanidade carrega o pecado original, que seria o peso da miséria humana.

Diz a sabedoria árabe que perguntaram a Maomé: "Quem és?" Respondeu humildemente o profeta: "Sou um homem de água e barro". (Os Mais Belos Pensamentos de Todos os Tempos – Mansour Chalita, 4º vol. p123)

A Igreja tem seguido por esse caminho, ao avisar na quaresma: "Memento homo quia pulvis est et in pulverem reverteris". Lembra-te, homem, que és pó e em pó te hás de tornar". Ora, água e barro, ou pó, não têm nenhum resquício de poder.

Resposta. Será que a criatura humana é essencialmente frágil, limitada, pequena, incapaz de ser feliz e realizar seus sonhos? Ou a precariedade, os sofrimentos e as desgraças são consequência de falta de vontade, ignorância, displicência, e crenças errôneas? Nascemos para sofrer? Diz a bíblia que somos imagem e semelhança divina, então você pode concordar que Deus é o Supremo Sofrimento e a Suprema Carência? Na essência da criatura humana só podem caber as qualidades do Criador; precariedade, sofrimentos, desgraças, não são qualidades de Deus, obviamente. Aqueles que fazem dos sofrimentos virtudes e atitudes agradáveis a Deus estão chamando Javé de sádico. Pior ainda, os que pregam que os sofrimentos e as carências são mandados por Deus, se não fosse a ignorância, ter-se-ia que dizer que querem insultar o Pai Celestial. Diminuir a criatura humana, torná-la incapaz, vê-la apenas como pó, grão de areia, barro, é esquecer o principal: a presença divina no interior humano. Só para ilustrar, veja o que escreveu Uell Stanley Andersen, em seu livro *O*

Poder da Energia Mental: "No coração do homem iluminado, encontra-se o conhecimento secreto que lhe permite nunca ficar à mercê das aparências imediatas: ele tem dentro de si o poder para modificar qualquer coisa através de sua identificação com o divino, através do conhecimento de que a mente que existe em seu íntimo é a mesma mente de todos os outros".

CIENTISTAS E LEIGOS CONTRA O PODER

Objeção. Percorra os dois mil anos de Cristianismo e de Ciência e não encontrará algum pensador, pesquisador, filósofo, teólogo, cientista, que tenha se interessado em estudar e analisar profundamente a afirmação do Mestre de que o ser humano pode tudo, para saber se ele pretendia revelar uma verdade universal ou apenas se tratava de efeito oratório para impressionar seus ouvintes. Muitos exegetas, não podendo negar que os evangelhos relatam a afirmação do Cristo a respeito da existência de poder ilimitado no ser humano, concluem que o Mestre apenas se aproveitou de jargões impressionáveis para atrair adeptos.

São muitos os emails que recebo, nos quais dizem que o poder absoluto da fé é crença fantasiosa.

Escreveu-me um senhor de São Paulo:

- O mal maior está em colocar na boca de Jesus

essa ideia impossível de que a fé tudo pode. Se pudesse, o mundo seria diferente.

A teoria desse paulistano pode ser dissecada assim: a humanidade tem muitos problemas; logo, não existe um poder capaz de mudar o mundo.

Certo sacerdote me avisou que é desserviço ao Cristianismo pregar que a fé alcança tudo que se queira e é infalível.

Ouvi de um estudioso da bíblia que essa história de que a fé transporta montanha é puro mito.

- O mundo está cheio de impossíveis - alardeou uma senhora de Buenos Aires.

Certa vez, um teólogo observou-me que entender que o ser humano tudo pode seria colocar a criatura ao nível do Criador e isso é abuso de conceitos e heresia.

- Se o ser humano tudo pode, fica descartado o sacrifício – ponderava preocupada uma religiosa.

- Dizer que uma pessoa pode tudo é jogá-la na nebulosa da irrealidade – observou uma psicóloga.

Resposta. Todos esses opositores querem proclamar alto e bom som que o poder da fé é mito, não passa de mito. Jesus nada teria dito a esse respeito. É preciso salvar a sabedoria do Mestre e parar de dizer que ele anunciou a existência de um poder infinito, chamado fé – avisam eles.

Ao senhor de São Paulo, que rechaçou o poder da fé, dizendo que "o mal maior está em colocar na boca de Jesus essa ideia impossível de que a fé tudo pode", seria o caso de retrucar na mesma moeda: "O mal maior está em negar que Jesus tenha falado sobre o poder da fé". Todo mundo é livre para negar a fé, mas é obtusidade rechaçar que consta nos evangelhos as palavras de Jesus.

Contra todos os opositores, resta-nos recolocar aqui a frase mais categórica do Cristo:

- *Quanto ao poder, quem tem fé tudo pode! (Mc 9,22)*

Para qualquer cientista que se preza, não há impossíveis definitivos. O que era impossível algum tempo atrás, hoje é realidade comum.

Albert Einstein, grande cientista, já dizia: "Alguma coisa é impossível até que alguém duvide e acabe provando o contrário".

Impossível é a distância imaginária entre a palavra e a materialização do seu conteúdo. Há, portanto, impossíveis de dois anos, de dois meses, ou de duas linhas desse livro. Talvez a sua casa fosse um impossível quando você tinha dezoito anos de idade. Ir a Paris tem sido impossível para muita gente, até o dia em que esse impossível foi derrotado.

Só para você se divertir, veja alguns impossíveis risíveis, mas que teriam sido ditos por especialistas:

"Tenho a absoluta certeza de que os Estados Unidos nunca colocarão um homem na lua. A lua não aguenta o peso do homem. É uma massa encharcada. Aproximar-se-ão da lua, mas nunca esquentarão lá uma xícara de chá". Isto foi declarado por Harriet, um psíquico, predição publicada no jornal Chicago Sun-Times, em dezembro de 1968. Antes dele, o astrônomo F.R.Moulton, da Universidade de Chicago, afirmou em 1932: "Não há esperança para a fantasia de se chegar à lua. As barreiras da gravidade terrestre são intransponíveis".

Veja outra maravilha dita por Thomas J. Watson, fundador da IBM: "Acho que há no mundo mercado para talvez cinco computadores". (1874-1956).

Você que adora impossíveis, leia esta de William Thomson, Presidente da Sociedade Real para a Ciência, Grã-Bretanha, de 1890 a 1895:

"Máquinas voadoras mais pesadas do que o ar são uma impossibilidade".

E tem mais essa publicada no The New York Times, em março de 1939: "O problema da televisão é que a gente deve sentar-se e manter os olhos fixados na tela. A família americana não tem tempo para isso".

Em 1923, Robert Milliken, Prêmio Nobel de Física, afirmou que "o homem nunca será capaz de libertar o poder do átomo". Desmoralizando seu Prêmio Nobel, em 1945 duas bombas atômicas caíram no Japão. Isto, muito embora William Leahy tenha avisado ao presidente Truman, no começo de 1945: "A bomba atômica nunca explodirá. E estou falando como especialista em explosivos".

Mais impressionante é o que disse, em 1899, Charles H. Dwell, diretor do Departamento de Registro de Invenções na Grã-Bretanha: "Tudo que é susceptível de ser inventado já foi inventado". Essas histórias foram retiradas da coleção *Os Mais Belos Pensamentos de todos os tempos,* de Mansour Challita.

Quando você quer negar terminantemente a possibilidade da existência do poder da fé, aventando argumentos da ciência de hoje, releia o que esses cientistas mencionados disseram do alto de sua cátedra.

Podia-se até erguer um brinde à sabedoria do Mestre, que afirmou: *"Tudo é possível àquele que crê". (Mc 9,23).* Ele, há dois mil anos, avançou sobre conceitos e ideologias ao destacar a premissa de que se uma pessoa cria algo mentalmente e acredita na hipótese da materialização da sua palavra, há de acontecer assim mesmo. Na verdade, tudo o que o homem pode imaginar está dentro da esfera humana e, se está inserido na dimensão humana, por que não pode ser feito?

DIFERENÇAS ENTRE DESCONHECIMENTO E NEGAÇÃO

Já que estamos na dualidade objeção e resposta, é condizente refletir sobre desconhecimento e negação. Há estudiosos que negam o que desconhecem. Desconhecem o poder da fé, então o rejeitam. Desconhecem que o homem tenha pisado na lua, por isso descartam essa possibilidade. Desconhecem a existência de Deus e por essa razão a negam.

Há, inclusive, os que negam tudo que não passar pelo crivo da ciência. Mal sabem eles que a ciência não é infalível e tem errado muito ao longo dos séculos.

Deve-se dizer também que existem os que afirmam tudo o que a Igreja afirma e negam tudo o que a Igreja nega. São incapazes de análise independente. Nem sequer perceberam que muitas verdades da Igreja foram desfeitas ao longo do tempo, pela própria Igreja, por não condizerem com a "verdade verdadeira". Teólogos e estudiosos que agem apenas sob o báculo da autoridade, jamais darão qualquer contributo para ajudar o cristianismo na depuração de crenças, conceitos e teses que não resistem ao tempo e à evolução científica.

Alentar o raciocínio crítico diante de verdades duvidosas não é atentar contra dogmas e nem anticlericalismo.

HÁ VÁRIOS CAMINHOS PARA DESENCADEAR O PODER DA FÉ

Não se pode encurtar o raciocínio e nem pregar que só existe um caminho para desencadear o poder da fé.

O que interessa, em primeiro lugar, é que a

fé – segundo Jesus – é um poder que move montanhas, produz milagres, cura enfermidades e tudo alcança. Isso é definitivo.

Em segundo lugar, perceba-se que Jesus avisa que a crença firme na palavra é o explosivo da fé. São Paulo, São João e São Tiago afirmam o mesmo. Já foi registrado nessa obra.

A palavra pode ser a invocação ao Espírito Santo, como querem os carismáticos, como pode ser o apelo ao Pai que habita o secreto de cada um, como ensinou Jesus.

Como terceira consideração, o poder da fé se manifesta em resposta ao pedido, à oração, à meditação, à mentalização, à imaginação. São expressões da palavra. Isto significa que a mente é indispensável para a determinação do que se quer. Quando a ciência do poder da mente entra por esse caminho, também está certa. Escreveu a pensadora Catherine Ponder: "A mente é o elo de ligação entre Deus e o homem e a oração é o método de pensamento que liga Deus ao homem".

Existe também a fé natural, cuja lei assim se enuncia: "Todo pensamento acreditado se materializa".

Não se pode anatematizar quem busca desencadear o poder da fé através do Santo Pio, de Santo Expedito, da mãe de Jesus, do arcanjo Gabriel, ou de algum outro intermediário celestial. Inclusive, a fé pode manifestar seu poder através da água de algum santuário de Aparições.

É de bom tom e próprio do cristão autêntico respeitar os caminhos da fé de cada um. Jesus deu exemplo, certa vez, quando recriminou seus discípulos que proibiram um homem de realizar milagres em seu nome, porque não pertencia ao grupo: "Não lho proibais, porque quem realiza obras poderosas em meu nome não pode logo dizer mal de mim. Quem não é contra vós é por vós!" (Mc 9,38-39)

Há certas pessoas tão fundamentalistas, que bem poderiam ouvir Jesus: "Em verdade, vos digo que publicanos e meretrizes entrarão no reino de Deus antes que vós". (Mt 21,31)

Ninguém é proprietário da verdade, ninguém é dono de Deus e do Espírito Santo.

Voltaire, 1694-1778, escritor, ensaísta e filósofo humanista francês, autor de mais de 70 obras, escreveu que "o fanatismo religioso produz mais males que o ateísmo".

O escritor e editor norte-americano John Campbell, 1910-1971, tem essa frase: "Compreender que há outros pontos de vista é o início da sabedoria".

Parte 10

Será que a fé pode tudo mesmo?

Há várias argumentos, além dos já aventados, que validam a admissão de que a fé pode tudo.

Primeiro: autoridade do Mestre. Ele revelou e provou por atos evidentes. Trata-se de um ser da maior credibilidade.

Segundo: Por dedução. Se tantas pessoas conseguiram milagres pela fé, deduz-se que todos os seres iguais podem conseguir a mesma coisa. Paulo, na carta aos hebreus, tenta mostrar o poder da fé. Depois de insistir que pela fé Noé salvou-se do dilúvio; a velha e estéril Sara concebeu um filho; Moisés foi salvo das águas do Nilo, abriu as águas do Mar Vermelho e fez brotar água da rocha; Josué fez caírem os muros de Jericó - acrescentou ele: "Que mais direi eu ainda? Faltar-me-á, pois, o tempo se quiser falar de Gedeão, de Barac, de Sansão, de Jefté, de David, de Samuel e dos profetas, que pela fé conquistaram reinos, obraram ações de justiça, alcançaram as promessas, taparam as bocas dos leões, suspenderam a violência do fogo, evitaram o fio da espada, convalesceram de enfermidades, foram fortes na guerra, puseram em fuga exércitos estrangeiros, as mulheres recobraram seus filhos mortos, por meio da ressurreição..." (11, 7-35).

Terceiro: Pela experiência. O que aconteceu com outros, também evidencia a veracidade do poder da fé.

Quarto: Suas próprias experiências lhe demonstram que a fé funciona de verdade e não é apenas utopia.

Quinto: Pela origem do ser humano: se somos filhos de Deus, necessariamente temos o poder de Deus. Jesus já dizia: "Vós sois deuses".

Sexto: Pelo mandato do Criador. No Gênesis, Deus criou os seres humanos e mandou que presidissem a obra da criação e dominassem em toda terra. Esse exercício criador só seria possível se o homem tivesse poder. Foi dado esse poder e Jesus o chamou de fé. A fé é o exercício do poder.

Sétimo: Porque somos espírito e o espírito é a essência divina no ser humano. Eis aí a compreensão mais alta de que temos poder.

Paulo escreveu que a fé é uma operação do Espírito. Espírito é a deidade existente no humano. Foi por isso que ele afirmou que o êxito de sua missão estava na demonstração de espírito e poder: *"A minha palavra e a minha pregação não consistiram em linguagem persuasiva, mas em demonstração de espírito e poder".(1Cor 2,4)*

Oitavo: Diante de tantos milagres que acontecem como resultado da fé, a ciência já não ridiculariza o poder da fé e nem radicaliza sua aversão a tudo que não é medido pela tecnologia. Mas é bom que os cientistas tracem a dúvida e se aventurem a tentar saber se é possível chegar-se à conclusão da existência do poder da fé. Para a chamada ciência do Poder da Mente, existem Leis universais. Por exemplo, a Lei de Causa e Efeito; a Lei do Retorno; a Lei de que cada qual colhe o que semeia; a Lei da atração; a Lei de que o semelhante atrai o semelhante; a Lei do amor; a Lei da riqueza; e também a Lei da fé. Esta se explicita dessa maneira: Tudo que se acredita e se espera que aconteça, acontece.

Parte 11

O tamanho da dificuldade pode balançar a fé

Suponhamos que você tenha duas dificuldades: uma fácil de resolver, outra extremamente difícil. Por exemplo: a sua doença é muito grave, os médicos estão propensos a desenganá-lo; necessita de uma enfermeira em casa.

Para o caso da enfermeira, basta uma fé moderada, pois você tem certeza de que pode contratar com certa facilidade. Não é tão difícil a solução. Já no caso da doença, a descrença na cura ameaça a sua fé. Quer a recuperação da saúde, mas o diagnóstico médico lhe apavora. Só um milagre. Mas, o milagre é possível. Sim, é possível pensar dessa maneira quando se está saudável. Ponha-se na situação desse doente e verá a dificuldade de acreditar que a oração e a mentalização mudarão o panorama e a cura virá com certeza. Ele põe-se a orar, a pedir a Deus a cura, raciocina que para Deus nada é impossível, mas, no fundo, o medo da morte é maior. Com isso, falece a condição do milagre: crer firmemente na realização da palavra de cura.

Por outro lado, também é verdade que quanto maior o perigo, com mais força e determinação a pessoa pode se voltar para a crença na cura milagrosa. Pensa que Deus é pai, Deus é bom, sempre atende ao pedido, e se atira com fé resoluta, forte, quase desesperada, no bom sentido, acreditando que sua oração vai ser ouvida. Visualiza o órgão perfeito, mentaliza profundamente a reação do corpo e a regeneração total. Para essa pessoa, o caso desesperador foi motivo para desencadear imensa fé no restabelecimento da saúde. Ao contrário do outro que minguou a fé na proporção da gravidade do problema e da falta de perspectiva de solução, este fez do afogamento a luta brava e confiante na vitória.

QUANDO OCORRE O MILAGRE

O terreno mais propício para o milagre contém algumas balizas:

1. Situação de extrema urgência ou necessidade. É principalmente nesses momentos que a pessoa vivencia intensa carga emocional, que, além de sensibilizar os céus, produz substâncias poderosamente ativas no organismo, predispondo todo o universo físico à revolução regeneradora. A liberação de endorfina em grande escala - que ocorre muitas vezes em meio à energia de uma romaria a um santuário de fama milagrosa, ou pela palavra de um grande orador, ou santo, ou taumaturgo, ou por um conjunto de preces

em situações de perigoso risco – é altamente favorável ao milagre.

2. Fé intensa e entusiástica. A pessoa quase não se contém na sua expectativa de cura ou de solução. O desencadear dessa fé rompe barreiras, como as águas avassaladoras de uma enchente, que acabam mudando tudo.

Uma das piores coisas para a obtenção de uma graça, um milagre, uma cura, uma solução, é aquela religiosidade linear, sem alteração, sem energia, sem entusiasmo, sem brilho nos olhos, sem fogo no coração. Essas pessoas estão atoladas na apatia espiritual, não raro consequência da malfadada resignação.

3. Pedido. Deus é sempre a resposta. Não se antecipa, porque concedeu a cada um o dom da liberdade de escolha e de vida. Mas responde sempre. Ao pedir, segue-se o receber – ensinou o Mestre. Pedir significa especificar o que quer. A fórmula do pedido de milagre geralmente é a oração, já que o milagre da fé normalmente é atribuído ao contato com a Esfera espiritual ou sobrenatural. Deus é o autor da vida e tem poder sobre a vida. Jesus é fonte de milagres, como prometeu, pois é Filho de Deus. São a instân-

cia primeira. Mas o milagre pode ser obtido por intermédio de Maria, dos santos, dos anjos. São intermediários que têm acesso direto à Santíssima Trindade. Uma pessoa de fé também pode ser importante intermediário junto ao mundo sobrenatural.

4. Ritual de fé. Lembre-se que fé é crer firmemente na realização da palavra. Como somos seres humanos e lidamos com sentidos, os rituais são meios nada desprezíveis para fortalecer e sinalizar a fé. Jesus usou o ritual da saliva para curar o cego; a hemorroíssa usou o ritual de tocar com o dedo o manto de Jesus para ficar curada; o profeta Elias mandou o general sírio Naaman banhar-se sete vezes no rio Jordão para ficar curado da lepra; na piscina de Betesda, o primeiro que se banhasse quando as águas eram agitadas, ficava curado. Muitos usam o ritual da novena, de acender velas, de fazer peregrinação, de efetuar algum percurso de joelhos; de oferecer determinada oferta à igreja; de passar água benta e energizada no local da enfermidade, ou beber; de amarrar no pulso fitinha com dizeres de fé; de jejuar determinados dias; de assistir tantas missas ou cultos; assim por diante. É bom

ressaltar que não é o ritual e nem o sacrifício que causa o milagre, mas a fé. Sem fé não há ritual que ajude. O ritual é uma forma de tornar visível e sensível a fé no milagre. Para muita gente funciona.

5. Agradecimento. Esse é o fecho de ouro. Jamais esquecer de agradecer de antemão a cura, a solução. Agradecimento é complemento da fé. Se na hora de pedir você já agradece, isto significa que acredita na resposta ao pedido. Agradecer é uma maneira de convencer-se de que o resultado já existe. Além de ser ato de boa educação.

6. Persistência. Eis uma qualidade da fé. Indispensável. Fé é crer firmemente, portanto persistir é sintoma de fé, por assim dizer. A persistência faz com que a mente e o cérebro vivifiquem a realidade da palavra e aí está a condição básica para a reação orgânica, assim como para a materialização do pedido. A insistência é como a água que bate, bate, até que fura. O resultado é o estágio final, existe, é consequência, então continue batendo.

Parte 12

O que fazer para ter fé

Diante de tantas eventualidades na sua vida, você se imagina sem essa força que supera desânimos e vence a inércia mental. E a pergunta que lhe martela é como fazer para ter fé. Já me indagaram várias vezes nas Jornadas que realizo por esse mundo de Deus.

Com certeza, a primeira resposta mais indiscutível é o conhecimento. Não há dúvida de que nada resiste ao conhecimento. A convicção brota do conhecimento. E o conhecimento é manancial que nasce da sabedoria.

A sabedoria, diz a bíblia, é um eflúvio do poder de Deus, reflexo da luz eterna". (Sab 7,25)

"Feliz o homem que encontrou a sabedoria, o homem que alcançou a prudência! Ganhá-la vale mais do que a prata, e o seu lucro mais do que o ouro.É mais valiosa do que as pérolas; nada que desejas a iguala. Em sua direita: longos anos; em sua esquerda: riqueza e honra! Os seus caminhos são deliciosos, e os seus trilhos são prosperidade. É uma árvore de vida para os que a colhem, e felizes são os que a retêm".(Prov 33,13-18).

A sabedoria é dom natural, consequência da dimensão maior do ser humano. O conhecimento é uma forma de ir tocando as fímbrias da sabedoria. Pela cultura você amplia o campo da inteligência, pela inteligência chega aos arcanos da sabedoria. Portanto, você pode ter conhecimento da fé buscando as profundezas do seu íntimo, assim como estudando e pesquisando sobre ela.

O ignorante e o insensato, tais como o fanático, não chegam à sabedoria, porque enclausuram a mente, não permitindo sua expansão.

Você leu sobre o poder da fé. Continue a meditar e a fazer experiências. Ou então assuma a certeza e vá em frente.

A título de ilustração, veja o que disse o Marechal Ferdinand Foch, personagem importante na primeira guerra mundial: “Não se nasce crente, assim como não se nasce musculoso. A fé adquire-se, aprende-se, conquista-se, exercita-se, tal qual o saber, tal qual a força física”.

A segunda maneira de reforçar a fé é analisar a autoridade e credibilidade de quem está falando sobre ela. Nesse caso, trata-se de Jesus Cristo. A conclusão agora é sua.

A terceira forma de ativar sua fé é ler e ouvir relatos dos que conseguiram feitos através da fé. Se os outros puderam, você também pode. As experiências dos outros podem ser fortes argumentos para sua fé.

Outro jeito de fortalecer sua fé é ouvir seu passado e sua história para avaliar se também você não alcançou algo através dessa força.

Também, baseado na definição de fé, com certeza houve muitas experiências na sua vida em que agiu acreditando piamente no poder da sua palavra. "Eu consigo me formar em Medicina", "eu vou ter uma casa", "a primeira coisa que farei é comprar um carro", "no ano que vem quero fazer as férias em Fortaleza, depois visitarei Portugal" – e tudo isso já faz parte da sua história vivida. Por esses exemplos, você pode aqui alinhar outras coisas que alcançou graças ao ato criador da sua palavra e do seu desejo. Isso é fé.

E para você, tão céptico que não consegue acreditar em coisa nenhuma, muito menos em fé, sugiro que comece a agir como se tivesse fé. Tente mais uma vez, mais outra, mais outra, e, de repente, as coisas começam a acontecer. Os impossíveis existem porque não se tenta. Eleanor Roossevelt disse, certa vez: "Você precisa fazer aquilo que pensa que não é capaz". Para completar o pensamento, cito o pensador Alberto Saltiel: "O impossível é questão de tempo".

Permita ainda que lhe traga um conselho de São Francisco de Assis: "Comece fazendo o que é necessário, depois o que é possível, e de repente você estará fazendo o impossível". Já foi citado.

Por fim, deixo-lhe esta mensagem de Goethe: "Eu amo aquele que deseja o impossível".

Parte 13

A fé é o caminho do milagre

Quando você ouve falar em milagre, será que não pensa em algo totalmente fora do seu alcance?

Talvez acredite que milagre é coisa só para privilegiados de Deus.

Há teólogos que vão mais longe: entendem que milagre é ação divina que Deus se permite apenas para sua própria honra e glória. Seria o mesmo que dizer que milagre é o marketing de Deus. E adiantam que Jesus fazia milagres com o intuito de provar sua divindade e a veracidade dos seus ensinamentos. Houve pensadores cristãos dos primórdios do cristianismo que acreditavam que a era dos milagres acabara com os discípulos e os primeiros Padres da Igreja, já que punham no milagre nada mais que o uso de uma fórmula para demonstrar a divindade da doutrina que ensinavam aos primeiros cristãos e aos convertidos.

Hoje em dia, há correntes teológicas que sustentam a tese de que o milagre não passa de um luxo metafísico, do qual não temos nenhuma necessidade para viver cristãmente.

Essas teorias e interpretações dos tempos são ofensivas a Deus e a Jesus. Estão insinuando que Jesus, por exemplo, não fazia milagres por compaixão e amor aos doentes e necessitados e sim para sua própria glorificação. Querem tirar toda a bondade e sentimento misericordioso e compassivo do Cristo. O que levava o Nazareno a realizar curas e outros tipos de prodígios era o benefício das pessoas e a libertação dos doentes, oprimidos e necessitados.

O próprio Santo Agostinho de Hipona, doutor da Igreja, escritor, filósofo e teólogo, entendia inicialmente que a era dos milagres tinha terminado já na Igreja primitiva. Mais tarde, em seu livro *Confissões*, retirou essa afirmação e garantiu que o milagre haveria de acontecer em todos os tempos. Muito lógico, porque sempre haverá pessoas necessitadas de soluções imediatas.

O QUE É O MILAGRE

Blasio Pascal, século XVII, matemático, físico e filósofo, convertido do jansenismo ao catolicismo exatamente pelos milagres que observou e estudou, dedicou amplas páginas a provar suas conclusões: "O milagre é um efeito que excede a força natural dos meios que se empregam". Não é necessário conhecer todos os recursos da natureza – dizia ele – para saber que com um pouco de saliva não se cura um cego de nascença, e que com uma simples palavra não se faz sair do sepulcro um cadáver.

Quero citar aqui também Lucien Cuénot, 1866-1951, biólogo, geneticista francês, membro da Academia das Ciências de França, e Academias da Bélgica, Roma e Dinamarca, além de doutorar-se na Sorbonne. Sobre o milagre, escreveu: "O milagre, na sua verdadeira acepção, é um fenômeno exteriormente verificável, sempre extraordinário e inesperado, que faz por sua estranheza provocante um contraste tão nítido com a ordem habitual da natureza que se tende a atribuí-lo a uma Potência diferente do mundo, por exemplo o Deus dos cristãos ou dos espiritualistas". Só não concordo quando ele diz que é sempre inesperado. Quando se colocam corretamente as premissas da fé, o resultado nunca pode falhar.

Santo Agostinho diz sobre o milagre: "É uma intervenção divina, que não consiste, no entanto, em um ato de poder criador de Deus, mas em um desígnio de sua providência, mediante a qual desperta a energia que já havia depositado nas coisas".

Para o vaticano, milagre é quando o paciente se recupera de repente, de forma completa e sem recaída.

Quero colocar aqui algumas considerações sobre o milagre:

* Tem por destino o benefício do ser humano e não unicamente a glória de Deus, ou a explícita finalidade de comprovar que uma pessoa é santa.

* É um ato de amor, bondade, compaixão e misericórdia para com a pessoa.

* É resposta a um pedido. Deus não age por si, mas como resposta. O atendimento é resposta ao pedido, como ensinou Jesus.

* Trata-se de ação mental na dimensão mais alta do espírito.

* Para a dimensão do espírito não existem impossíveis e nem barreiras.

* Não é privilégio, mas o cumprimento da Lei da fé.

* Por fim, definindo, milagre não é o rompimento da ordem natural mas a maneira admi-

rável e instantânea pela qual se refaz a ordem natural. O milagre está na maneira como ocorre o fato. Qualquer doença curável, mas cuja cura acontece instantaneamente, por efeito de oração ou mentalização, de forma completa e sem retorno, é milagre.

MILAGRE E FÉ

O milagre é sempre resultado da fé.

- *Tudo é possível àquele que crê* – informou o Mestre.

- Crê no quê?

- Naquilo que está dizendo, na sua palavra.

Não existe cura, nem prosperidade, nem felicidade, nem amor, nem objetivos, se não existir a palavra determinante. A palavra determinante acreditada e verdadeira chama-se palavra de fé.

Fé, como já foi dito, não é privilégio, mas dom de toda pessoa.

A palavra não acreditada é destituída de valor, de significado e de função ou finalidade. Palavras ao vento, o vento as leva. Palavras ocas são devoradas pelos cupins.

Parte 14

Um exemplo perfeito e completo

Está cansado de ler? Siga mais um pouquinho. Deguste esta história. Vale a pena. Contém todos os detalhes do milagre. Aconteceu na vida de Jesus.

Nas jornadas de 2011, eu pregava, nas missas, este fato, porque, além de fascinante, é um exemplo perfeito e completo para qualquer pessoa, principalmente para quem sofre de doença incurável e não acredita na possibilidade de reaver a saúde. Quem conta é Marcos, um dos biógrafos do Cristo:

"Caminhava ele pelas ruas da cidade, cercado de uma multidão. Muita gente o seguia, apinhando-se em torno dele. Achava-se aí uma mulher que, havia doze anos, sofria de um fluxo de sangue; tinha padecido muito nas mãos de numerosos médicos, gastando toda sua fortuna, mas sem encontrar alívio algum; até se achava cada vez pior. Quando ouviu falar de Jesus, aproximou-se por trás, no meio da multidão, e lhe tocou no manto, porque dizia consigo mesma: "Se lhe tocar no manto sequer, serei curada". E no mesmo instante se lhe estancou o fluxo de sangue e sentia no corpo que estava livre do seu mal. Jesus, porém, percebeu interiormente que dele saíra uma virtude; voltou-se para a multidão e perguntou: "Quem me tocou no manto?"

Disseram-lhe os discípulos: "Ora, bem vês que o povo te comprime, e ainda perguntas: Quem me tocou?" Ele, porém, voltou o rosto para quem o fizera. Apresentou-se então a mulher, porque bem sabia o que lhe sucedera, e prostrou-se aos pés de Jesus, confessando-lhe a verdade toda.

Respondeu-lhe Jesus: "Minha filha, a tua fé te salvou; vai-te em paz e sê curada do teu mal". (Mc 5,21-43)

***

Este episódio é fantástico, porque cheio de detalhes muito interessantes. Na verdade, contém todo os ingredientes do que você gostaria de saber.

Primeiramente, a história começa com uma mulher, com doença grave, incurável, que vivia sozinha.

Não era o tipo de pessoa que não se importa com a saúde. Pelo contrário, entregara-se a vários tratamentos, buscara os melhores médicos e não poupara dinheiro, a ponto de ter gasto toda sua fortuna. A palavra fortuna significa riqueza e ela gastou tudo com médicos. Estes não conseguiram curá-la; pior ainda, achava-se cada dia em situação mais calamitosa.

Por esta descrição, a mulher tinha tudo para ser revoltada, desiludida, e rendida ao seu tenebroso destino. Nem mesmo sobrara-lhe alguém para ajudá-la na casa.

Agora analise a sua situação pessoal. É diferente? Semelhante? Pior não pode ser.

Se sofre de longa enfermidade complicada – era também o caso da hemorroíssa.

Se sua doença é considerada incurável e terá que conviver com ela – assim acontecia com a mulher.

Se faz muitos anos que vem se tratando, sem resultados – era o que sucedia naquela história.

Se tem gasto todo seu dinheiro em tratamentos – aquela doente também perdeu toda sua fortuna em tratamentos vãos.

Se está cada vez pior - não é esse o caso daquela senhora?

Se vive sozinho, ou sozinha – até isso ocorria com a mulher do fluxo de sangue.

Essas colocações deixam você empatado com a mulher do evangelho. Por pior que seja seu caso, não será mais grave do que a condição daquela hemorroíssa.

Só por isso, já vale a pena continuar a ler a

história.

***

Eis que surge uma luz no caminho. Passava pelas ruas da cidade uma multidão, seguindo, aos atropelos, a Jesus.

A mulher, com certeza, já ouvira falar do Nazareno e de seus milagres.

Você também já ouviu falar muito do Cristo e dos milagres dele.

Você está mal de saúde e ela também.

O que você faria? O que fez ela?

"Vou ter com ele!" – pensou ela. Decisão pessoal. Mais uma verdade: a fé é processo individual. Mesmo que seus familiares, amigos ou confrades, sejam pessoas de fé, não há simbiose. A última palavra é sua. A decisão é sua. Ainda que tenha lido todo esse livro, ao fim e ao cabo, ficará sozinho com sua fé ou falta de fé. Tudo e todos podem ajudar você a ter e fortalecer a fé – como já leu nessa obra – mas, no final, os céus esperam a sua palavra.

Não terá você desanimado do seu caso? Quem sabe, ao invés de ir em busca de Deus, como fez a mulher, quererá que o tragam à sua casa?

"Eu vou lá" - demonstra determinação e fé de que, indo lá tocar o manto de Jesus, a cura aconteceria.

É óbvio que a mente lhe apresentava o contraditório: Que poderia fazer ele, se os médicos e os remédios nada conseguiram em doze anos de tratamento? Por que vou eu sair de casa, me meter no meio do povo, pedir a cura a um estranho, se nem tenho forças para pôr-me à rua?

Talvez também você esteja dominado por dúvidas: Por que irei lá – igreja, reunião, santuário, culto - se já o fiz tantas vezes e nada consegui? Por que irei lá, se nem sei se é possível a cura? Ir lá, se não tenho sequer forças para dar um passo além da porta da minha casa?

Não foi esse o pensamento da hemorroíssa. Ela determinou-se e foi.

"Eu vou lá" – são três palavras de força irresistível. É o grito dos heróis, a bandeira dos vencedores.

Quem não se mexe, não sairá do mesmo lugar; quem não procura, não achará.

"Se eu tocar-lhe com o dedo o manto sequer, serei curada".

Impressionante a simplicidade, a clareza e o

minúsculo tamanho da oração daquela enferma.

Esta era sua oração de fé. Prece curta, entusiástica, específica, determinante, conclusiva. Como escreveu o apóstolo Tiago, na carta aos hebreus: "E a oração da fé curará o enfermo, e o Senhor o levantará, e se tiver pecados eles serão perdoados". (Tg 5,15)

A oração da mulher era simplesmente esta: "Se tocar-lhe com o dedo o manto sequer, serei curada!"

A sua oração, qual é? Pode ser longa, sacrificada, dolorida, repetitiva, ou curta, mas deve ser oração de fé.

Você sabe como reza. Ou não sabe? Tem gente que não consegue fazer uma prece sem se ater a um texto escrito sabe-se quando, por quem, e para que finalidade. A mais perfeita oração é espontânea, sincera, nascida do coração.

A mulher orou simplesmente assim: "Se lhe tocar com o dedo no manto sequer, serei curada".

***

E foi. Ação. A mulher saiu da casa, enfrentou a multidão, abriu caminho até Jesus, e tocou com o dedo no manto do Nazareno.

É preciso dizer que a fé, sendo fé, sempre conduz à ação. Fé sem ação é morta. Abortada. Zero. Melhor dito: não existe.

Tem você coragem e energia para sair do seu lugar confortável e costumeiro em busca do milagre?

Ela foi. Não tivesse ido, teria morrido na sua desgraça. Ação. O momento do salto. Às vezes, o salto dá-se no escuro. Apenas amparado na fé, impulsionado pela convicção daquilo que se espera – como escreveu o apóstolo Paulo.

"Tocou com o dedo no manto de Jesus". Cumpriu o ritual a que se propôs. Para ela, era mister tocar com o dedo no manto do Cristo. Na ponta do dedo estava a energia da fé, no manto a cura. Assim fez e a cura aconteceu.

Muitas curas não acontecem porque a pessoa acaba desistindo do ritual. Desistir do caminho é apagar a fé. Ela tocou com o dedo no manto e o resultado não se fez esperar.

Se o doente é um cético, nunca fará isso, porque não admite que um dedo qualquer, tocando numa roupa qualquer, possa reverter uma doença que nem doze anos de tratamento médico tinham conseguido. A fé transcende o raciocínio. É uma Lei. A Lei universal pode não ser entendida, mas cumprirá seu efeito. Galileu Galilei não conseguira, na época, provar que era a terra que girava ao redor do sol, mas tinha certeza científica de que era assim.

"Se eu tocar com o dedo no manto sequer, serei curada".

Uma questão: a cura ocorreu pela oração? Pelos passos dados? Pelo dedo? Pelo manto? Por Jesus?

Aconteceu pela fé da mulher.

Muita gente se acotovelava em torno de Jesus – como observaram os apóstolos – mas só a mulher ficou curada naquela ocasião. Ainda que mal comparando, um fio de luz é apenas um fio. Mas, quando contém a corrente elétrica, acenderá lâmpadas, explodirá montanhas, iluminará cidades. O poder da energia elétrica acontecerá se passar pelo fio. Não se poderia dizer, grosseiramente, que o pensamento, a mulher, os passos, o dedo, o manto, Jesus, formaram a corrente por onde passou a energia potentíssima da fé até acender a cura? O próprio "Jesus percebeu interiormente que dele saíra uma virtude", ou seja, uma força, uma energia. É que ele era o ponto final da corrente.

O Rabi foi a causa da fé da mulher. E foi o circuito energético poderoso que explodiu o processo regenerador do organismo desarmonizado. Mas a cura, pelas próprias palavras do Mestre, veio da fé da hemorroíssa: "Minha filha, a tua fé te salvou; vai-te em paz e sê curada do teu mal".

***

A cena pode se repetir com você também. Disse o Cristo: *"Eu estarei convosco todos os dias até a consumação dos séculos". (Mt 28,20)*. Segundo a crença da Igreja Católica, ele é presença real, verdadeira, autêntica, na eucaristia. Quer dizer que, pela comunhão, o católico toca o Cristo com a mão e o toca também no seu organismo. Trata-se, portanto, de toque físico, místico e de fé. Principalmente de fé. O milagre sempre ocorre pela fé da pessoa. Esta é imprescindível. Se você não é católico, há outras maneiras de ativar sua fé e acreditar no seu milagre. Mas nunca desista do seu milagre.

Parte 15

Seja feito conforme sua fé

A sua hora da mudança radical chegou. Como diz aquela canção: "Quem sabe faz a hora, não espera acontecer".

Não chore o leite derramado, não deplore o perdido, não fique travado no passado sofrido. Este é seu momento existencial. O que passou, de nada vale implorar que o vento lhe traga de volta. A vida é contínuo ato de criação. O passado já foi criado, nada mais há que fazer com ele. Ao invés de se perguntar por que aconteceu, indague-se por que não está indo em direção ao que pretende nessa etapa da vida.

Cada vez que se fixa no passado, está desperdiçando energias que poderiam ser usadas agora.

Você tem diante de si um mundo fantástico, bem maior do que o mundo dos seus sonhos. Por que então fica olhando pelo retrovisor? Olhe para seu coração, que aí é a sede das grandes aspirações. Seu coração, se não for sufocado pelas atribulações, lhe dirá com prazer e entusiasmo o que pode fazer e aonde chegar. Os grandes homens e as mulheres especiais desfizeram-se das vozes negativas e pessimistas e levantaram a bandeira de novos projetos. Esse foi o grande lance que lhes trouxe colheitas estupendas, que ainda hoje encantam a humanidade.

Não é necessário lhe repetir o que deve fazer para transformar sonhos em realidade: Fé. Levante suas metas e sustente-as na mão da fé.

Tenha em mente que é a força da fé nos seus sonhos que os materializa.

No momento em que acreditar nessa verdade, acreditará que o milagre está à sua disposição e espera você de braços abertos.

Assim é e assim será.

Parte 16

Agora agarre a sua fé e vá

E, agora, o que vai fazer com a sua fé?

Vai ficar deplorando o tempo perdido e os prejuízos sofridos? Não e não e não! Agarre a sua fé e vá, vá para junto dos seus sonhos, que eles o esperam ansiosos, lá fora.

Vai ficar pedindo para parar o mundo que você quer descer?

Não. Jamais. Agarre a sua fé e vá, vá iniciar a mais incrível trajetória da sua vida.

Vai ficar ressonando na cama da alienação?

Nunca mais. Agarre a sua fé, salte da cama com a energia de um ciclone, e vá, vá para o que der e vier, que o melhor da sua vida está por acontecer.

Vai continuar a culpar Deus e todo mundo?

Culpar, coisa nenhuma! Agarre a sua fé e vá, vá tomar as rédeas do seu brilhante destino.

Vai ficar indeciso e morno enquanto a caravana passa?

Não e não. Agarre a sua fé e vá, vá para a vida, vá para a luz, vá para a dança, vá sentir o êxtase do amor, vá brincar de paraíso e brilhar na constelação da humanidade. Sim, levante-se, abra a janela, brinde ao sol, mostre-se ao mundo, beije as estrelas e cante aos passarinhos.

Agarre a sua fé e vá, vá explodir os traumas e bloqueios do passado.

Agarre a sua fé e vá, vá tocar com o dedo no manto do Cristo, que o milagre mudará a sua vida.

Ele desceu do infinito para lhe trazer a notícia e você subiu dois mil anos para ouvi-lo pessoalmente; não queira ficar parado aí nessa mesmice. Agarre a sua fé e vá, vá celebrar esse encontro memorável.

Agarre a sua fé, arranque as tramelas da paralisia mental, abra os portais do coração e vá, vá pela estrada dos ideais.

Agarre a sua fé, sacuda a poeira da inércia, e vá, vá como gaivota branca pelos céus azuis dos sorrisos iluminados.

Agarre a sua fé e vá, vá navegar pelos mares nunca dantes navegados da autorrealização.

Agarre a sua fé e vá, vá marchar como exército de um homem só, pisando lamas e dramas, que a guerra é sua e a vitória é certa.

Agarre a sua fé e dê boas-vindas à vida, às flores, aos animais, ao céu, ao mar, às águas, e a todos os seres humanos, antes deserdados do seu coração.

Agarre a sua fé e vá, vá agora pagar a dívida de felicidade que está devendo a si mesmo.

Sim, agarre a sua fé e vá, vá sem demora semear alegrias e beijos ao seu coração, que ali está o prazer de viver.

Fim

Índice

FORTALEÇA MAIS

Lauro Trevisan, profundo estudioso da fé, lançou outros livros sobre esse tema de extremo significado para a saúde, felicidade, amor, bem-estar e prosperidade do ser humano. Veja as obras que você pode adquirir para completar seus conhecimentos a respeito desse poder inexcedível, revelado por Jesus.

A FÉ QUE REMOVE MONTANHAS
Edição atualizada, com nova ortografia, oferece-lhe nova abrangência dessa descoberta que há de mudar a sua vida.

AINDA A SUA FÉ

O PODER DA FÉ

Livreto, editado na nova ortografia, em duas cores, estilo agradável, fácil de ler, de grande sucesso.

A ORAÇÃO QUE TEM PODER

Livreto lançado em 2010, na nova ortografia, fazendo a ligação do coração com o poder emanado pela prece que obtém resposta de Deus.

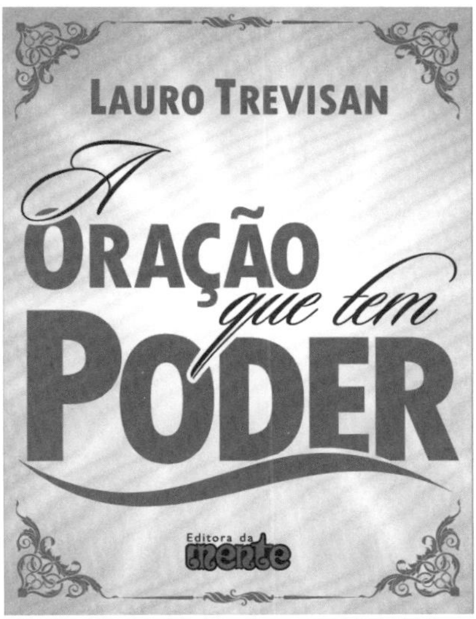